NEUE RUSSISCHE BIBLIOTHEK

ПОЧЕМУ «А» ПЕРВАЯ?

Cornelsen
VOLK UND WISSEN

Почему «А» первая? – Warum steht das „A“ am Anfang? Geschichte und Geschichten
Zusammenstellung und sprachliche Kommentierung: Anneliese Hoenack

Die Autorin dankt Frau Dr. H. Wapenhans, Berlin, Frau Dr. B. Kittler, Berlin, und Frau U. Plewe, Kleinmachnow, für die Unterstützung bei der Erarbeitung des Manuskripts.

Einband: Gerhard Medoch
Illustrationen: Uta Bettzieche
Gestalterische Bearbeitung und Realisierung: Gerhard Neitzke
Reihengestaltung: Klaus Herrmann
Redaktion: Gabriella Wenzel

www.cornelsen.de
www.vwv.de

1. Auflage, 3. Druck 2010/06

Druck: CS-Druck CornelsenStürtz, Berlin

ISBN 978-3-06-500616-3

Inhalt gedruckt auf säurefreiem Papier aus nachhaltiger Forstwirtschaft.

Содержание

Русский алфавит

Чужой язык

Иностра́нные тури́сты
На углу́ авто́бус ждут,
По-францу́зски о́чень чи́сто
Разгово́р они веду́т.

Мо́жет быть, не по-францу́зски,
Но уж то́чно: не по-ру́сски!
До́лжен ка́ждый учени́к
Изуча́ть чужо́й язы́к!

Серге́й Михалко́в

чужо́й fremd
иностра́нный ausländisch
на углу́ an der Ecke
чи́сто rein, fließend
вести́ führen
мо́жет быть vielleicht
до́лжен soll

Славянские народы

Многие люди, кото́рые живут в наше время в Восто́чной Евро́пе и в за́падных районах Росси́и, – славяне. Их пре́дки жили в этих регионах с начала VIII ве́ка н. э.

Западные славяне, например поля́ки, че́хи и слова́ки, со́здали госуда́рства, в которых люди были христианами, и присоедини́лись к римско-католической це́ркви.

На восток пришли́ ви́кинги из Скандина́вии. В VIII веке на территории сего́дняшней России и Украины образова́лось государство – Ки́евская Русь.

Есть несколько теории о том, откуда слово «Россия». Одна из теории: викинги называли землю восточных славян «Русь». Из этого назва́ния возни́кло совреме́нное слово «Россия».

Восточные славяне стали тоже христианами, но присоединились к византи́йской церкви. Их называли правосла́вными. Вместе с христианством миссионеры из Византи́и принесли́ образцы́ церковной жи́вописи.

славя́нский slawisch
наро́д Volk
кото́рый welcher
восто́чный östlich, Ost-
за́падный westlich, West-
пре́док, *Pl.* пре́дки Vorfahre
век Jahrhundert
н. э. – нашей эры
созда́ть *v.* schaffen
госуда́рство Staat
присоедини́ться *v.* sich anschließen
це́рковь Kirche
прийти́ (*Prät.* пришёл) *v.* kommen
сего́дняшний heutig
образова́ться sich herausbilden
назва́ние Bezeichnung
возни́кнуть *v.* entstehen
совреме́нный modern
византи́йский byzantinisch
правосла́вный russisch-orthodox
принести́ *v.* bringen
образе́ц, *Pl.* образцы́ Muster, Beispiel
жи́вопись Malerei

Откуда пришёл русский алфавит?

О́коло тысячи лет тому́ наза́д славя́нские наро́ды не могли читать и писать. У них ещё не было алфавита, они не име́ли своей пи́сьменности.

Во второй полови́не IX ве́ка учёные-миссионеры из Гре́ции, братья Кири́лл и Мефо́дий, на́чали работать над созда́нием славянской письменности. Они хорошо знали славянские языки, и это дало им возмо́жность создать славянскую а́збуку. Они взяли за осно́ву этого алфавита греческие буквы.

Потом они перевели́ важные греческие книги на старославя́нский язы́к. Эти перево́ды дали славянским народам возможность читать и писать на своём языке.

День па́мяти Кирилла и Мефодия – 24 мая. В этот день прохо́дит праздник славянской письменности и культуры.

о́коло ungefähr
… лет тому́ наза́д vor … Jahren
славя́нский наро́д slawisches Volk
име́ть haben
пи́сьменность Schrift
полови́на Hälfte
век Jahrhundert
учёный Gelehrter
Гре́ция Griechenland
Кири́лл *Kyrillos* (um 827 – 867)
Мефо́дий *Methodius* (um 815 – 885)
нача́ть *v.* beginnen
созда́ние Schaffung
возмо́жность Möglichkeit
а́збука Alphabet
осно́ва Grundlage
перевести́ *v.* übersetzen
старославя́нский язы́к Altslawisch
перево́д Übersetzung
па́мять Gedenken
прохо́дит *hier:* wird begangen

Кем был Иван Фёдоров?

Когда Кири́лл и Мефо́дий со́здали а́збуку, славя́нские наро́ды начали писать книги. Эти книги писались иногда несколько лет – от руки́.

В XV ве́ке в Герма́нии Ио́ганн Гу́тенберг придумал стано́к, с по́мощью кото́рого можно было печа́тать книги. Царь Ива́н Гро́зный узна́л об этом и хотел, чтóбы на Руси́ тоже занимались этим де́лом.

Первая печа́тная книга на Руси появи́лась в 1564 году. Эту книгу напеча́тал Иван Фёдоров. Он мечта́л о том, чтобы бо́льше и больше людей умели читать и писать. Для обуче́ния русских гра́моте Иван Фёдоров напечатал первую «А́збуку» с грамматикой. На первой странице книги располо́жено 45 букв кирилловского алфавита. Азбука Ивана Фёдорова открывает историю российских печатных книг для обучения чте́нию и письму́.

В 1580 – 1581 годах Иван Фёдоров изда́л первую славянскую Библию.

Ива́н Фёдоров (1510 – 1583)

Кири́лл *Kyrillos* (um 827 – 867)
Мефо́дий *Methodius* (um 815 – 885)
созда́ть *v.* schaffen
а́збука Alphabet
славя́нский наро́д slawisches Volk
от руки́ mit der Hand
век Jahrhundert
Ио́ганн Гу́тенберг (um 1400 – 1468) *Johannes Gutenberg*
стано́к *hier:* Maschine
с по́мощью кото́рого mit deren Hilfe
напеча́тать/печа́тать drucken
Ива́н Гро́зный (1530 – 1584) *Iwan der Schreckliche*
узна́ть *v.* erfahren
что́бы dass
де́ло Sache
печа́тный gedruckt
появи́ться *v.* erscheinen
мечта́ть träumen
бо́льше mehr
обуче́ние гра́моте Schreiben und Lesen lehren
а́збука *hier:* Fibel
располо́жен befindet sich
чте́ние Lesen
письмо́ *hier:* Schreiben
изда́ть *v.* herausgeben

«Азъ» и «буки»

Са́мая пе́рвая книга, кото́рую получает ученик в первом классе, называется «А́збука». Что означа́ет это слово?

Оно состои́т из двух слов: «азъ» и «буки». В старославя́нской и древнеру́сской азбуке «азъ» – первая буква в алфавите, обозначае́т первое лицо́. Раньше пра-пра-прадедушки и пра-пра-прабабушки славян называли себя не «я», а «азъ».

«Буки» – это вторая буква, и означала она не́что бу́дущее, как поясня́л Влади́мир Ива́нович Даль, большой знато́к русского языка.

Поэтому, е́сли перевести слово «азбука» на совреме́нный язык, то получится: «я буду» жить, учится, работать …

Научиться читать и писать – это серьёзная и тру́дная работа. Неда́ром говорится:
«А́збуку у́чат, во всю избу́ крича́т».
Раньше в школах дети, что́бы правильно научиться произноси́ть буквы, хором повторяли за учителем:

а	азъ	ѕ, ꙁ	зело́
б	бу́ки	з, з	земля́
в	ве́ди	и	и́же
г	глаго́ль	к	ка́ко
д	добро́	л	лю́ди
є	есть	м	мыслете
ж	живе́те	н	наш
			…

са́мый пе́рвый der allererste
кото́рый der, welcher
а́збука 1. Alphabet, 2. Fibel
означа́ть bedeuten
состоя́ть из bestehen aus
двух *ср.* два
старославя́нский altslawisch
древнеру́сский altrussisch
обознача́ть bezeichnen, benennen
лицо́ Person
пра- Ur-
не́что бу́дущее (etwas) Zukünftiges
поясня́ть verdeutlichen
Даль В. И. (1801 – 1872), berühmter Verfasser eines russischen Wörterbuches
знато́к *ср.* знать
е́сли wenn
совреме́нный modern
серьёзный ernsthaft
тру́дный schwierig
неда́ром nicht ohne Grund
а́збуку у́чат, во всю избу́ крича́т wenn man das Alphabet lernt, schreit man durch die ganze Hütte
что́бы um … zu …
произноси́ть aussprechen

А о не́учах и хвастуна́х говорили:
«А́збуки не зна́ет, а чита́ть сади́тся».

Другое слово, которое есть в русском языке, это «алфави́т». Как возни́кло это слово, вы, наве́рное, знаете. Слово «алфавит» тоже образо́вано из первых двух букв, но гре́ческого алфавита: а́льфа и бе́та – αλφα und βήτα. Сравните немецкое слово „Alphabet“.

не́уч Ungebildeter
хвасту́н Prahlhans
а́збуки не зна́ет, а чита́ть сади́тся kennt das Alphabet nicht, aber setzt sich hin, um zu lesen
возни́кнуть *v.* entstehen
наве́рное wahrscheinlich
образо́ван gebildet
гре́ческий griechisch

Азбука Морзе

Кроме алфавита, кото́рый все изучают в школе, есть специальная а́збука, которую знают во всём мире – азбука Мо́рзе. С по́мощью этой азбуки обща́ются, например, моряки́.

кото́рый der, welcher
а́збука Alphabet
с по́мощью mit Hilfe
обща́ться sich verständigen
моря́к Seemann

а	. –	с	...
б	– ...	т	–
в	.– –	у	.. –
г	– – .	ф	.. – .
д	– ..	х	....
е	.	ц	. – . – .
ж	... –	ч	– – – .
з	– – ..	ш	– – – –
и	..	щ	– – . –
к	– . –	ы	– . – –
л	. – ..	ю	.. – –
м	– –	я	. – . –
н	– .	й	. – – –
о	– – –	ь	– .. –
п	. – – .	ъ	– .. –
р	. – .	э	.. – ..

1	. – – – –	6	– ....
2	.. – – –	7	– – ...
3	... – –	8	– – – ..
4	.... –	9	– – – – .
5	.....	0	– – – – –

точка (.)	......
вопросительный знак (?)	.. – – ..
тире (–)	. – . – . –
двоеточие (:)	– – – ...
восклицательный знак (!)	– – .. – –

Напишите с помощью азбуки Морзе слова: магазин, алфавит, ракета, машина, фабрика.

По алфавиту

Вы считáете, что русский язык трýдный? Вы знаете бóльше слов на русском языке, чем вы думаете!

считáть meinen
трýдный schwierig
бóльше mehr

	профессия	фауна	спорт
а	археóлог	аллигáтор	акробáт
б	библиотéкарь	бóа	бадминтóн
в	вахтёр	волк	виндсёрфинг
г	германи́ст	газéль	гимнáстика
д	дирижёр	дельфи́н	дзюдó
е	египтóлог		
ж	жонглёр	жирáф	жокéй
з	зоóлог	зéбра	
и	инженéр	и́бис	инфáйтинг
й			
к	конди́тер	какадý	каратé
л	лаборáнт	леопáрд	лёгкая атлéтика
м	матрóс	марабý	медáль
н	навигáтор	нандý	нокáут
о	óптик	орангутáн	олимпиáда
п	пилóт	пеликáн	пинг-понг
р	режиссёр		рéгби
с	секретáрь	саламáндра	сигнáл
т	трéнер	тигр	тéннис
у	урóлог		
ф	филóлог	фазáн	футбóл
х	хирýрг	хамелеóн	хоккéй
ц	цéнзор	цикáда	цейтлýпа
ч	часовщи́к		чемпиóн
ш	шеф-пилóт	шакáл	шáхматы
щ			
ъ			
ы			
ь			
э	экспортёр	э́му	эквилибри́ст
ю	юри́ст		
я	япони́ст	ягуáр	яхтсмéн

В телефонном разговоре

Когда вы разговариваете по телефону, иногда надо переда́ть имя или фамилию, назва́ние города и т. д. Когда ваш собесе́дник не понял вас, вы можете диктовать слово по буквам.

переда́ть *v.* übermitteln
назва́ние Name, Bezeichnung
собесе́дник Gesprächspartner

А	–	А́нна
Б	–	Бори́с
В	–	Влади́мир
Г	–	Гео́ргий
Д	–	Дми́трий
Е	–	Евге́ний
Ё	–	ёлка
Ж	–	Жа́нна
З	–	Зо́я
И	–	И́горь
Й	–	и краткое
К	–	Константи́н
Л	–	Людми́ла
М	–	Мари́я
Н	–	Никола́й
О	–	О́льга
П	–	Пётр
Р	–	Рома́н
С	–	Светла́на
Т	–	Татья́на
У	–	Улья́на
Ф	–	Фёдор
Х	–	Харито́н
Ц	–	царь
Ч	–	часы́
Ш	–	Шу́ра
Щ	–	щу́ка
Ъ	–	твёрдый знак
Ы	–	ы (еры́)
Ь	–	мя́гкий знак
Э	–	Эдуа́рд
Ю	–	Ю́рий
Я	–	Я́ков

Вокруг буквы

Буква «А»

Буква А, буква А –
алфавиту голова́,
знает Вова, знает Света,
а похо́жа на ракету.

голова́ Kopf

похо́ж (на что) ähnlich (dem ...)

Вокруг буквы «А»

Во многих языках есть слова и предложе́ния, кото́рые можно читать наоборо́т (например, в немецком языке слова „OTTO“, „ANNA“ и „RELIEFPFEILER“). Они называются палиндро́мы.

предложе́ние Satz
кото́рый der, welcher
наоборо́т umgekehrt, von hinten nach vorne

ДЕД	Großvater
ШАЛАШ	Hütte aus Stroh
ДОРОГ ОГОРОД.	Der Garten ist (uns) teuer.
АЛЛА РВАЛА ЛАВР.	Alla riss den Lorbeer ab.
АРБУЗ У ЗУБРА.	Die Melone hat das Wisent.
А ЛИЗА МАЗИЛА.	Und Lisa ist ein Schmierfink.
А ЛЕС У СЕЛА.	Und der Wald ist neben dem Dorf.
А СОБАКА БОСА.	Und der Hund ist barfuß.
АСЯ, МОЛОКО ОКОЛО МЯСА.	Asja, die Milch ist neben dem Fleisch.

Почему «А» первая?

В комнате стоял шум. Все буквы очень шуме́ли: почему буква «А» первая буква алфавита?

– Доло́й букву «А» – кричали гла́сные, – да здра́вствует Абракада́бра».

– Букву, с которой начинается «ангина» и «аку́ла», ставить в начало азбуки, – шипе́ли шипя́щие.

– Всё правильно, – думали согла́сные. – Ведь очень вку́сные вещи – арбу́з, апельсин, абрикос, ананас – начинаются на «А».

Но гро́мче всех крича́ла буква «Я».

– Я не понимаю, почему «А» первая, а не «Я».

– А потому что, – сказала теперь буква «А», – первое слово ка́ждого малыша́ начинается на «А.»

– Какое это слово? – кричала дальше буква «Я».

– «Агу́», – ответила буква «А», – и, кро́ме того́, я похожа на адмирала, кото́рый стоит на капитанском мо́стике. А всем изве́стно, что адмирал всегда впереди́.

– Так! – сказал твёрдый знак.

шум Lärm
шуме́ть *ср.* шум
доло́й nieder mit
гла́сный Vokal
да здра́вствует es lebe
абракада́бра *hier:* Durcheinander
кото́рый der, welcher
аку́ла Haifisch
шипе́ть zischen
шипя́щий Zischlaut
согла́сный Konsonant
ведь denn, doch
вку́сный schmackhaft
арбу́з Wassermelone
гро́мче всех am lautesten
крича́ть schreien
ка́ждый jeder
малы́ш kleiner Knirps
агу́ die ersten Laute eines Babys
кро́ме того́ außerdem
мо́стик Brücke
изве́стно bekannt
впереди́ voran

Азбука – к мудрости ступенька

му́дрость Weisheit
ступе́нька Stufe

Астра, азбука, альфа
начина́ются на А.
И конча́ются на А
астра, азбука, альфа.

начина́ться beginnen
конча́ться enden

Вы знаете слова, кото́рые начинаются и кончаются на «А»? Конечно!

кото́рый der, welcher

а́лгебра	ага́ва
ампу́ла	а́стма
ао́рта	апте́ка
арка́да	ата́ка
ассисте́нтка	анги́на

В школе

Ирина Вадимовна начала́ урок.

– Сегодня в конце́ урока я покажу вам, как можно запи́сывать звук «а». Какие слова начина́ются с «а»?

– Арбу́з! Автомобиль!

– Ве́рно.

– И я тоже начинаюсь с этого звука, е́сли подходи́ть ко мне серьёзно, – сказал Саня.

– Почему?

– Если подходить ко мне серьёзно, то я не Саня, а Александр.

– А я зака́нчиваюсь этим звуком, – закрича́л Шура.

– Молодцы!

нача́ть *v.* (etwas) beginnen
коне́ц Ende
запи́сывать aufschreiben
звук Laut
начина́ться beginnen
арбу́з Wassermelone
ве́рно richtig, wahr
е́сли wenn
подходи́ть серьёзно (к кому) (jmdn.) ernst nehmen
зака́нчиваться enden
закрича́ть *v.* zu schreien anfangen

Какая это буква?

ГОЛОВА,
В голове она одна.

ТРАВА,
А в траве – сра́зу две.

БАРАБАН!
В барабане – целых три.
Повнима́тельней смотри.

голова́ Kopf
трава́ Gras
сра́зу *hier:* schon, gleich
бараба́н Trommel
повнима́тельней aufmerksam

Жили-были буквы…

Случи́лось это ле́тним днём. Гуляла буква Н в лесу́, цветы собирала, а потом легла́ на траву́ и реши́ла помечта́ть.

Она мечтала, бу́дто она первая буква в алфавите, и так хорошо ей ста́ло – разброса́ла но́ги в сто́роны, заложи́ла ру́ки за́ голову и а́хнула!

Ещё бы, – буква Н преврати́лась в букву А, – первую букву алфавита! Вот как поле́зно иногда помечтать.

случи́ться *v.* passieren
ле́тний Sommer-
лес Wald
лечь (*v.*) на траву́ sich ins Gras legen
реши́ть *v.* beschließen
помечта́ть *v.* vor sich hinträumen
бу́дто sie sei
ей ста́ло ihr wurde
разброса́ть но́ги в сто́роны Beine ausbreiten
заложи́ть (*v.*) ру́ки за́ голову die Arme hinter dem Kopf verschränken
а́хнуть *v.* seufzen, sich wundern
ещё бы *hier:* und siehe da
преврати́ться *v.* sich verwandeln
поле́зно nützlich

Когда на бал-маскарад пригласи́ли букву Г, она не долго гада́ла, кого там изобража́ть, – съе́ла десять бутербродов, а потом ещё бу́лок штук двадцать. Вы́пила бо́чку ква́са и … ста́ла, ну в то́чности, как буква Б.

пригласи́ть *v.* einladen
гада́ть überlegen
изобража́ть darstellen
съесть *v.* (auf)essen
бу́лка Semmel
вы́пить *v.* (aus)trinken
бо́чка Fass
квас ein russisches Getränk
стать *v.* werden
в то́чности genau

Кто важнее?

важнée wichtiger

В королéвстве Грамматики жили две королéвы. Одну звáли «Б», другую «П». Они всегда спóрили, кто из них важнее.

Королева «Б» говорила: – Меня всегда пишут в конце слова.

Королева «П» говорила: – А меня всегда произнóсят в конце слова.

И они не могли помирúться. И, наверное, глáсные сказали: – Éсли бы не мы, то никтó бы не знал, что писать в конце слова. Óбе вы важны: «П» важна для нашей Орфоэ́пии, а «Б» для Орфографии.

Так гласные помирили королев, и до сих пор живут они в дружбе.

королéвство Königreich
королéва Königin
звать nennen, heißen
спóрить streiten
произносúть aussprechen
помирúться *v.* sich einigen
глáсный Vokal
éсли бы не мы, то … wenn wir nicht wären, dann …
никтó бы не знал wüsste keiner
óбе beide
орфоэ́пия Aussprache
до сих пор bis jetzt

Грамматическая сказка: слог

скáзка Märchen
слог Silbe

Жилá-былá Лягýшка. Лягушка как лягушка. Маленькая такая Лягушка. Маленькая, а ведь из трёх слогов: Ля – гуш – ка.

И жил-был Слон. Большой, большой! И только из одного слога: Слон. И это всё!

И маленькая Лягушка дразнúла большого Слона.

Но пришлá Цáпля из двух слогов и проглотúла она Лягушку из трёх слогов. Всю!

жилá-былá es war einmal
лягýшка Frosch
ведь doch
трёх *ср.* три
слон Elefant
дразнúть necken
прийтú (*Prät.* пришёл) *v.* kommen
цáпля Fischreiher
проглотúть *v.* verschlingen

Сказка про Твёрдый и Мягкий Знаки

Однáжды по дороге твёрдой похóдкой шёл Твёрдый Знак.

– Не сочини́те ли вы для меня какýю-нибудь сказку? – останови́л его Вопроси́тельный Знак. – Я подарю её Восклицáтельному Знаку. Сегодня у него день рождéния.

– Нет! – твёрдо ответил Твёрдый Знак.

– Неýжели не сочините? – опечáлился Вопросительный Знак.

– Нет и тóлько нет! – сказал Твёрдый Знак ещё твёрже.

– Но почему? – удиви́лся Вопросительный Знак.

– Не хочу! Не буду! Не желаю! – Твёрдый Знак стоя́л на своём очень твёрдо.

Вопросительный Знак вопросительно посмотрел на дорогу. По дороге в мягких тáпочках шёл Мягкий Знак.

– Не сочините ли вы для меня какую-нибудь сказку? – обрати́лся к нему Вопросительный Знак.

– Мне, чéстно говоря́, не хочется, – мягко сказал Мягкий Знак. – Но я попытáюсь … так и быть.

скáзка Märchen

однáжды einmal
твёрдой похóдкой mit hartem Schritt
сочини́ть *v.* ausdenken
какóй-нибудь irgendein
останови́ть (кого) *v.* (jmdn.) anhalten
вопроси́тельный знак Fragezeichen
восклицáтельный знак Ausrufezeichen
день рождéния Geburtstag
неужéли не wirklich nicht
опечáлиться *v.* sich grämen
нет и тóлько нет nein und abermals nein
удиви́ться *v.* sich wundern

стоя́ть на своём darauf beharren

тáпочки Schuhe

обрати́ться (к кому) *v.* sich (an jmdn.) wenden

чéстно говоря́ ehrlich gesagt
попытáться *v.* versuchen
так и быть so soll es sein

И вот вечером Вопросительный Знак прибежа́л к Мягкому Знаку за ска́зкой.

– Жаль … мне очень жаль, – промя́млил Мягкий Знак, – но, пра́во, я не умею сочинять сказки.

И он запла́кал.

– Но почему же вы сра́зу не сказали? – рассерди́лся Вопросительный Знак.

– Вы были так любезны, – прошепта́л Мягкий Знак, – и я не смог вам отказа́ть. Я не умею отказывать.

И он заплакал ещё сильне́е.

Вопросительный Знак расстро́ился:

– Извините, но я не могу вас уте́шить. Я опа́здываю. На день рождения.

Он бежал по дороге и думал: «Что же я скажу, е́сли Восклицательный Знак спросит, где пода́рок???»

Но Восклицательный Знак ничего не спросил. Он воскли́кнул:

– Ура! Наконе́ц-то! Пришёл мой друг – Вопросительный Знак! Как я рад!!!

прибежа́ть за ска́зкой (к кому) wegen des Märchens (zu jmdm.) laufen
промя́млить *v. hier:* murmeln
пра́во wirklich

запла́кать *v.* zu weinen beginnen
сра́зу sofort
рассерди́ться *v.* sich ärgern

прошепта́ть *v.* flüstern

отказа́ть/отка́зывать eine Bitte abschlagen

сильне́е stärker

расстро́иться *v.* verstimmt sein

уте́шить *v.* trösten
опа́здывать zu spät kommen

е́сли wenn

пода́рок Geschenk

воскли́кнуть *v.* ausrufen
наконе́ц-то na endlich
прийти́ (*Prät.* пришёл) *v.* kommen

Мягкий знак

Мягкий знак, мягкий знак –
Без него́ нельзя́ ника́к!
Без него не написать
тридцать, двадцать, десять, пять.
Вме́сто *шесть* получим *шест*,
Вместо *есть* напишем *ест*,
Ста́нут *пе́нками пеньки́*,
Уголка́ми – угольки́,
Ба́нька в *ба́нку* преврати́тся.
Вот что может получится,
Е́сли будем забыва́ть
Мягкий знак в словах писать.

без него́ нельзя́ ника́к ohne es geht es nicht
вме́сто anstelle, statt
шест Stange, Stab
стать *v.* werden
пе́нки Haut (auf der Milch)
пеньки́ Baumstümpfe
уголки́ Ecken
угольки́ Kohle
ба́нька kleine Sauna
ба́нка Glas, Dose
преврати́ться *v.* sich verwandeln
е́сли wenn
забыва́ть vergessen

День, динь, сон, тень,
Сыр, сок, лось, лень,
Нос, нёс, рыть, ныть,
Кон, конь, шум, шить.
Ты скажи, в каких словах
Не напишешь мягкий знак.

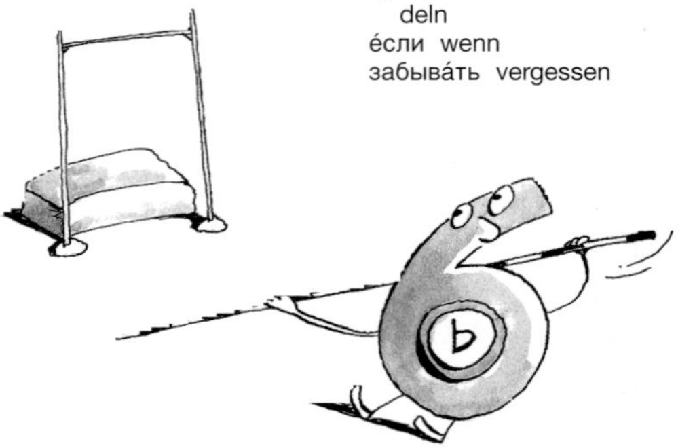

Мягкий знак звука не обознача́ет. Он пишется после согла́сной бу́квы и вместе с ней обозначает мягкий согласный звук: тетрадь, письмо. Мягкий знак при перено́се не отделя́ется от согласной буквы: маль-чик, школь-ник.

обознача́ть bezeichnen
согла́сная бу́ква Konsonant
перено́с Trennung
отделя́ться getrennt werden

Деревья из слов

Всё в мире из чего́-нибудь состои́т. Облака́ – из воды́, лес – из деревьев. Речь состоит из предложе́ний, а предложения – из слов. А слова состоят из своего «строи́тельного материала». Гла́вная часть из них – ко́рень.

Много-много лет тому́ наза́д появи́лось на све́те слово «воз». Нашли́ его люди и думают: Что с ним делать? А слово говорит:

– Посади́те меня в зе́млю.

Посадили люди слово и ста́ло оно расти́. Сначала один росто́к появился, потом второй, третий… Много ростков появилось от слова «воз». Все они на него похо́жи, но и своё в каждом слове есть. Вот какое дерево!

де́рево, *Pl.* дере́вья Baum
что́-нибудь irgendetwas
состоя́ть (из чего) bestehen (aus etwas)
о́блако Wolke
вода́ Wasser
лес Wald
речь Rede
предложе́ние Satz
стро́ительный Bau-
гла́вная часть Hauptteil
ко́рень Wurzel
… лет тому́ наза́д vor … Jahren
появи́ться *v.* erscheinen
свет Welt
найти́ (Зкэею нашёл) *v.* finden
посади́ть *v.* pflanzt mich
земля́ Erde
стать *v.* werden
расти́ wachsen
росто́к Keim, Spross
похо́ж (на что) ähnlich (dem …)

привозить
подвоз
вывозить
вывоз
извозчик
извоз
паровоз
завоз
возчик
возить

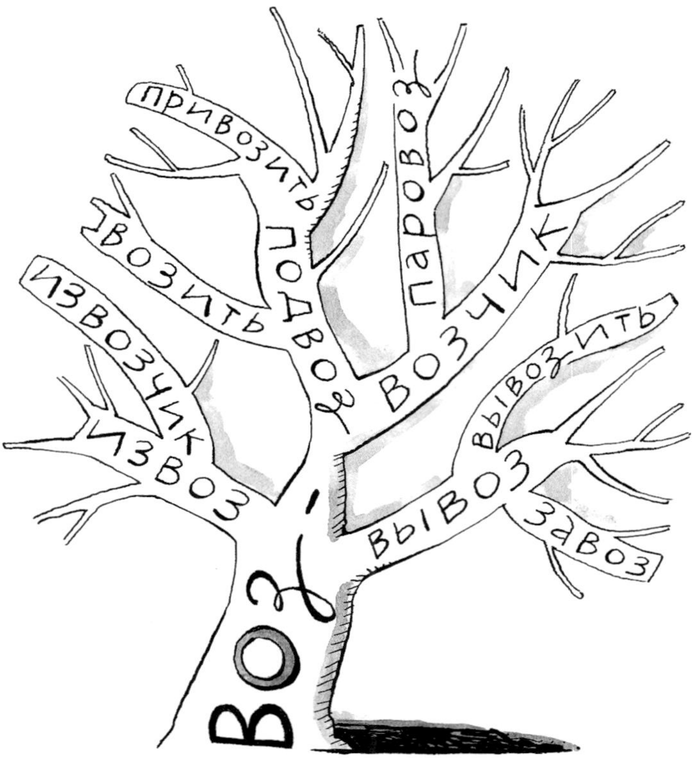

Про слова

Апельсин

Многие думают, что апельсины появи́лись у нас неда́вно, но это не так. Уже в XVI ве́ке московские богачи́ познако́мились с этими фруктами, кото́рые привози́ли из Голла́ндии. Назывались эти фрукты «Кита́йские я́блоки» – по-голландски «аппель» – яблоко и «Си́на» – Китай.

появи́ться *v.* erscheinen
неда́вно vor kurzem
век Jahrhundert
бога́ч Reicher
познакоми́ться (с чем) *v.* (etwas) kennenlernen
кото́рый der, welcher
привози́ть einführen
кита́йский chinesisch
я́блоко Apfel

Картофель

Картофель все вы знаете. Но кто из вас знает, откуда его привезли́?

Картофель привезли в XVI ве́ке из Ю́жной Аме́рики в Ита́лию. Потому что картофель очень похо́ж на трюфе́ль, италья́нцы его называют «тартуфоло». А в Герма́нии, куда картофель попа́л потом, сделали из слова «тартуфоло» – «картофель».

В Россию картофель попал при Петре́ Пе́рвом в начале XVIII века из Герма́нии, откуда взяли и назва́ние для нового расте́ния. Картофель по-русски называется также «карто́шка».

привезти́ *v.* einführen
век Jahrhundert
ю́жный südlich
похо́ж (на что) (etwas) ähneln
трюфе́ль Trüffel (unterirdisch lebende Pilze)
попа́сть *v.* gelangen, hinkommen
Пётр I (1672 – 1725) *Peter I.*
назва́ние Name, Bezeichnung
расте́ние Gewächs, Pflanze

Стадион

Какой же спорт без стадио́на? Три тысячи лет тому́ наза́д э́ллины провели́ первые олимпийские игры. Они проводились тогда для того, чтобы смотреть на красивые челове́ческие тела́. Для эллинов очень важна́ была́ красота́, они хотели быть красивыми. Сначала атлеты уча́ствовали только в бе́ге на короткие дистанции в один стадий – 192 м 27 см. От назва́ния этой первой дистанции и произошло́ слово «стадио́н».

… лет тому́ наза́д vor … Jahren
э́ллины Hellenen
провести́/проводи́ть durchführen
челове́ческое те́ло menschlicher Körper
ва́жен был war wichtig
красота́ Schönheit
уча́ствовать (в чём) teilnehmen (an etwas)
бег Lauf
назва́ние Bezeichnung
произойти́ (*Prät.* произошёл) *v.* abstammen

Деньги: копейка и рубль

Слово «деньги» образовалось от слова «денга». Денгой в XIV ве́ке называлась сере́бряная монета Дми́трия Донско́го. При Петре́ I, в XVIII веке, монета стала называться «деньга», оттуда совреме́нное русское слово «деньги».

В дре́вности славяне, как и все другие, по́льзовались това́рами, живо́тными и шку́рами, чтобы плати́ть за что-нибудь. Через несколько веков стали пользоваться металлическими деньгами других стран. Потом у славян вме́сто денег были золоты́е или серебряные бруски́, которые иногда руби́ли. Отсюда и слово «рубль».

Только с конца X века начали чека́нить со́бственные моне́ты из зо́лота и серебра́. На них изобража́лся вели́кий князь Ки́евский и герб Ки́евской Руси́. Когда Киевская Русь распа́лась в XIII веке, все князья начали выпуска́ть свои монеты.

А откуда современное русское слово «копейка»? В XII веке русский царь Ива́н I выпустил монету с изображе́нием вса́дника с копьём. А от «копьё» образовалось слово «копейка». При Ива́не Гро́зном копейка ста́ла общегосуда́рственной, то есть ею пользовались во всей России.

обра́зоваться sich bilden
век Jahrhundert
сере́бряный silbern
Дми́трий Донско́й (1350 – 1389) *Dmitrij Donskoj*, Großfürst und Heerführer
Пётр I (1672 – 1725) *Peter I.*
совреме́нный modern
в дре́вности im Altertum
по́льзоваться benutzen
това́р Ware
живо́тное Tier
шку́ра Fell
плати́ть за что-нибудь für etwas bezahlen
вме́сто anstelle, anstatt
золото́й golden
брусо́к, *Pl.* бруски Block, Riegel
руби́ть zerkleinern
чека́нить со́бственные моне́ты eigene Münzen prägen
зо́лото Gold
серебро́ Silber
изобража́ться abgebildet werden
вели́кий князь Großfürst
герб Wappen
распа́сться *v.* zerfallen
выпуска́ть herausbringen
Ива́н I (? – 1340) *Iwan I.*, Moskauer Großfürst (seit 1325)
изображе́ние Darstellung
вса́дник Reiter
копьё Speer, Lanze
при … unter …
Ива́н Гро́зный (1530 – 1584) *Iwan der Schreckliche*
стать *v.* werden
общегосуда́рственный gesamtstaatlich
ею – ей

Чай

Чай – это традиционный русский напи́ток. Слово пришло́ в XVII ве́ке из Кита́я. В европейских языках оно появи́лось так:

Наро́ды За́падной Европы вы́везли растение „te“ из Ю́жного Китая, где оно растёт. Отсюда немецкое слово „Tee“, английское „tea“.

Русские торгова́ли с се́верными провинциями. Там называется это растение «ча». Отсюда русское слово «чай».

напи́ток Getränk
прийти́ (*Prät.* пришёл) *v.* kommen
век Jahrhundert
Кита́й China
появи́ться *v.* erscheinen
наро́д Volk
за́падный westlich, West-
вы́везти *v.* herausbringen
расте́ние Pflanze
ю́жный südlich, Süd-
расти́ wachsen
торгова́ть handeln
се́верный nördlich, Nord-

Коньки

коньки́ Schlittschuhe

В дре́вности любили ката́ться на конька́х. Тогда́ коньки не были металлическими. Учёные нашли́ экземпляры, кото́рые сделали из косте́й животных.

Изве́стны и деревя́нные коньки. На многих коньках впереди́ как украше́ние вы́резали го́лову коня́, потому что коньки помогали людям предвига́ться быстро – как на конях. Вот и получилось назва́ние «коньки».

в дре́вности im Altertum
ката́ться на конька́х Schlittschuh laufen
тогда́ damals
учёный Wissenschaftler
найти́ (*Prät.* нашёл) *v.* finden
кото́рый der, welcher
кость Knochen
изве́стны es sind bekannt
деревя́нный Holz-
впереди́ vorn
как украше́ние als Schmuck
вы́резать *v.* schnitzen
голова́ коня́ Pferdekopf
передвига́ться sich bewegen
назва́ние Bezeichnung

Медведь

медве́дь Bär

Раньше медведь называли по-другому, было другое слово, кото́рого сегодня уже нет. А люди тогда боя́лись вы́говорить имя своих враго́в. Помните немецкую посло́вицу?
„Wenn man man vom Teufel spricht, dann kommt er (ist er nicht weit).“ или „Wenn man den Teufel nennt, kommt er gerennt.“
Поэтому люди вы́думали усло́вное имя для своего гла́вного врага. «Медведь» значит – «мёд ве́дающий». Медведь знает, где в лесу́ мёд. И только это назва́ние сохрани́лось до сих пор.

кото́рый der, welcher
боя́ться sich fürchten
вы́говорить *v.* aussprechen
враг Feind
посло́вица Sprichwort
вы́думать *v.* ausdenken
усло́вное и́мя *hier:* umschreibender Name
гла́вный Haupt-
мёд Honig
ве́дать – знать
лес Wald
назва́ние Name, Bezeichnung
сохрани́ться *v.* erhalten bleiben
до сих пор bis jetzt

Теле-

Хорошо знако́мый ко́рень слов – «теле-». Вы знаете много слов с этим корнем. Как вы думаете, что он обознача́ет?

«Теле» – по-гре́чески значит «далеко». Действи́тельно, видеть то, что далеко, вам помогает теле... Слушать го́лос человека, который далеко – теле... Писать другу, который живёт в друго́м городе, поздравле́ние, например, с Новым годом или с днём рождения, – теле...

А сегодня есть и второе значе́ние этого корня – «телевизионный». Вы знаете телеклуб (телевизионный клуб), телефильм (телевизионный фильм) и другие.

Посмотрите на сле́дующие слова – они вам, наве́рное, знакомы:

знако́мый bekannt
ко́рень Wurzel
обознача́ть bedeuten
по-гре́чески auf Griechisch
действи́тельно tatsächlich
го́лос Stimme
друго́й der andere
поздравле́ние Glückwunsch
значе́ние Bedeutung
сле́дующий folgend
наве́рное wahrscheinlich

телефо́н	телефа́кс
телегра́мма	телеви́дение
телеско́п	телеви́зор
телегра́ф	те́лекс
телемагази́н	телекана́л
телепереда́ча	телеспекта́кль
телесериа́л	телезри́тель
тележурна́л	телеигра́
телеэкра́н	телегазе́та
телепремье́ра	телеве́рсия
телеприёмник	телете́кст

Телеребёнок

Теледе́нь, теледе́нь,
Телеви́зор це́лый день.
Телезву́ки, телекра́ски,
Телеба́бушкины ска́зки.

Сто́лько ра́зных переда́ч –
Телесме́х и телепла́ч,
Телепе́сни, телеба́сни
По сигна́лу с телеба́шни.

це́лый ganz
звук Laut
кра́ска Farbe
телеба́бушкины сказки die Märchen der Fernseh-Oma
сто́лько so viele
переда́ча Sendung
смех Lachen
плач Weinen
ба́сня Fabel
телеба́шня Fernsehturm

Авто-

А что такое «авто-»? «Авто-» – это значит «сам». Автопортрет – это портрет, на котором худóжник рисует самого себя.

Автомобиль кáждый знает. Это что-то, что само двѝгается. От слова «автомобиль» образовáлось второе значéние «авто-» – всё, что свя́зано с машиной.

Что обозначáют слéдующие слова?

автóграф	автовокзáл
автомáт	автозавóд
автомашѝна	автослéсарь
автопилóт	автотурѝст
автомáтика	автоинспéкция
автоматѝзм	автотрáнспорт
автонóмия	...

сам selbst
худóжник Künstler
кáждый jeder
двѝгаться sich bewegen
образовáться sich bilden
значéние Bedeutung
свя́зан verbunden
обозначáть bedeuten
слéдующий folgend

Каникулы

канѝкулы Ferien

Кáждый школьник любит каникулы. А откуда это слово – не все знают.

Слово «каникулы» появѝлось в русском языке в начáле XVIII вéка. Происхóдит оно от латинского слова „canicula“. Так римля́не стали называть очень я́ркую звездý в созвéздии «Большого Пса».

Когда начинáлись жáркие дни, солнце проходѝло через это созвездие. Эти дни также называются «собáчьи дни» (с середѝны июля до концá августа).

кáждый jeder
появѝться *v.* erscheinen
начáло Anfang
век Jahrhundert
происходѝть abstammen
canicula *Sirius*, der Hauptstern des Großen Hundes
римля́нин, *Pl.* римля́не Römer
я́ркая звездá heller Stern
созвéздие Sternbild
Пёс Hund
начинáться beginnen
жáркий heiß
проходѝть (через что) (etwas) durchlaufen
собáчьи дни Hundstage
середѝна Mitte
конéц Ende

Газета

Ро́дина этого слова – Ита́лия. Сначала в Италии «газетой» называли монету, которую в XVI ве́ке платили за первый листо́к «Писаные новости». Потом этот листок по назва́нию монеты ста́ли также называть газетой, и слово теперь гуляет по све́ту. У него много родны́х в ра́зных странах.

ро́дина Heimat
век Jahrhundert
листо́к Blatt
назва́ние Bezeichnung
стать *v.* beginnen
по све́ту durch die Welt
родно́й Verwandter
ра́зный verschieden

Библиотека

Книги, учебники живут в школе, в комнате, которая называется «библиотека». «Библио» значит по-гре́чески – книга, и «текос» – храни́лище.

Библиотека – книгохранилище.

по-гре́чески auf Griechisch
храни́лище Aufbewahrungsstelle

Тетрадь

Это слово из Гре́ции. Греческий ко́рень – «тетра», это значит «четыре». Сложи́те лист один раз и потом ещё раз, и тетрадь из четырёх листов готова.

Сначала в ней было четыре листа, а потом листов ста́ло бо́льше.

Гре́ция Griechenland
ко́рень Wurzel
сложи́ть *v.* falten
лист Blatt
ста́ло бо́льше wurden mehr

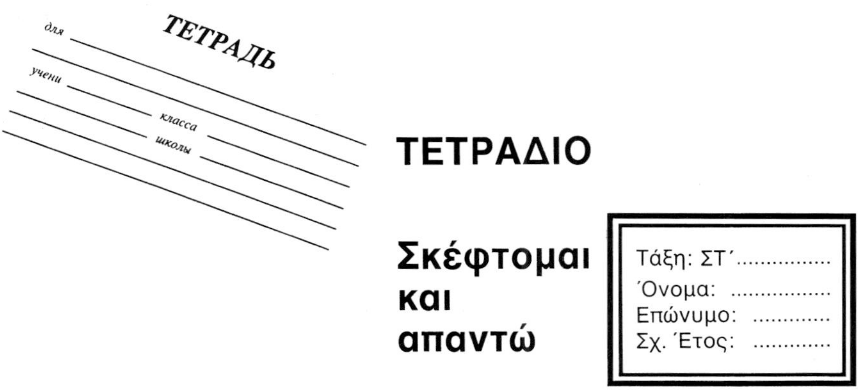

Про слова

МЯЧ –
Это слово весёлое.
КИРПИЧ –
Это слово тяжёлое.
КОРОВА –
Слово рога́тое,
А слово АРБУЗ –
полоса́тое.
Прохла́дное слово –
МОРОЖЕНОЕ.
ДРУГ –
Это слово надёжное.

кирпи́ч Ziegelstein
тяжёлый schwer
коро́ва Kuh
рога́тый mit Hörnern
арбу́з Melone
полоса́тый gestreift
прохла́дный angenehm kühl
надёжный zuverlässig

Абракадабра

Многие слова и предложе́ния име́ют символическое значе́ние. Например, слово «Абракадабра». Это магическая формула. Слово из евре́йского языка – „abreg ad habra“, которое значит «мечи́ свою мо́лнию да́же в смерть». Это магическое слово име́ет ро́дственные отноше́ния со словами „Abraxas“ и „Abrasax“.

предложе́ние Satz
име́ть значе́ние Bedeutung haben
евре́йский jüdisch
«мечи́ свою мо́лнию да́же в смерть» schleudere dein Schwert bis in den Tod (d. h., so lange du lebst)
име́ть ро́дственные отноше́ния in verwandtschaftlichen Beziehungen stehen

A B R A C A D A B R A
A B R A C A D A B R
A B R A C A D A B
A B R A C A D A
A B R A C A D
A B R A C A
A B R A C
A B R A
A B R
A B
A

Китай-город

Вы знаете, почему часть города Москвы, которая находится недалеко от Кра́сной пло́щади и Кремля́, называется «Кита́й-город»?

В XVI ве́ке, при царе Ива́не III, в Кремле́ уже не могли жить все жители столицы. Они стали жить вне Кремля. В 1534 году начали строить невысокие стены вокруг этих домов, которые защища́ли жителей Москвы от враго́в. Так был построен Китай-город. Строительство Китай-города закончилось в 1538 году.

Назва́ние части города не связано с Кита́ем. Его связывают со словом «кита» – это строительный материал, или «китай» – от монгольского слова «сре́дний».

век Jahrhundert
при unter
Ива́н III (1440 – 1505) *Iwan III.*, Moskauer Großfürst (seit 1462)
вне außerhalb
стена́ Mauer
кото́рый der, welcher
защища́ть verteidigen, schützen
враг Feind
назва́ние Name, Benennung
Кита́й China
кита ein Bündel Stangen
сре́дний mittlerer

Арбат

Одной из главных улиц Москвы является Арба́т. Сегодня это пешехо́дная зо́на, где отдыхают москвичи́ и их гости.

Назва́ние улицы происхо́дит от арабского слова «рабад», кото́рый значит «при́город, предме́стье».

Арбат был построен шесть веко́в наза́д и был действительно далеко от Кремля. Тогда на Арбате стояли только деревя́нные дома. Поэтому улица несколько раз горе́ла. Арбат отстро́ен за́ново и застро́ен ка́менными домами в период восстановле́ния после Оте́чественной войны́ 1812 года против Наполео́на.

пешехо́дная зо́на Fussgängerzone
москви́ч Moskauer
назва́ние Name, Bezeichnung
происходи́ть stammen
кото́рый der, welcher
при́город Vorstadt
предме́стье Vorort, Randgebiet
… веко́в наза́д vor … Jahrhunderten
деревя́нный Holz-
горе́ть brennen
отстро́ен за́ново neu gebaut
застро́ен bebaut
ка́менный Stein-
восстановле́ние Wiederaufbau
Оте́чественная война́ Vaterländischer Krieg
Наполео́н (1769 – 1821) *Napoleon*, franz. Imperator

Храм Василия Блаженного

В путеводи́теле можно прочитать о том, что на Кра́сной пло́щади в Москве́ стоит Покро́вский собо́р. Все называют его Храм Васи́лия Блаже́нного. А почему?

Ива́н Гро́зный в 1552 году взял город Каза́нь, победил татар в день церковного праздника Покро́ва. В честь этой победы был постро́ен Покровский собор. Он находится на месте Тро́ицкой церкви на Красной площади.

По наро́дным преда́ниям, во времена́ Ивана Грозного в Москве жил такой юро́дивый Василий. В народе Василий счита́лся блаже́нным. Его очень уважа́ли, потому что он был сме́лым – всем говорил пра́вду, даже царю. Он воева́л словом против произво́ла царя. После того, как он у́мер в 87 лет, он был похоро́нен на кла́дбище Троицкой церкви. Когда по ука́зу Ивана Грозного на этом месте был построен Покровский собор, народ тре́бовал похоронить Василия в соборе. Он погребён в се́веро-восто́чной ча́сти собора.

Вот поэтому второе назва́ние собора – Храм Василия Блаженного.

путеводи́тель Reiseführer
Покро́вский собо́р Mariä-Schutz-Kirche
Храм Васи́лия Блаже́нного Basiliuskathedrale
Ива́н Гро́зный (1530 – 1584) *Iwan der Schreckliche*
Покро́в Mariä Obhut
в честь zu Ehren
был постро́ен wurde gebaut
Тро́ицкая церковь Dreifaltigkeitskirche
по наро́дным преда́ниям den Volkslegenden nach
во времена́ zu Zeiten
юро́дивый ein Mensch, der sich absichtlich zum Narren macht
счита́ться gehalten werden
блаже́нный glückselig
уважа́ть achten
сме́лый mutig, kühn
пра́вда Wahrheit
воева́ть kämpfen
произво́л Willkür
умере́ть *v.* sterben
похоро́нен beerdigt
кла́дбище Friedhof
ука́з Verordnung, Befehl
тре́бовать fordern
погребён begraben
се́веро-восто́чная часть nordöstlicher Teil
назва́ние Name, Bezeichnung

Радуга

рáдуга Regenbogen

В недéле семь дней.
А в радуге семь цветóв:

недéля Woche
цвет Farbe

Красный, оранжевый, жёлтый, зелёный, голубóй, синий, фиолетовый.

голубóй himmelblau

Как все цвета запóмнить по порядку? Очень прóсто. Нáдо выучить наизусть слéдующее предложéние:

Кáждый охóтник желáет знать, где сидит фазан.

запóмнить (*v.*) по порядку sich der Reihe nach einprägen
прóсто einfach
нáдо man muss
слéдующий folgend
предложéние Satz
кáждый jeder
охóтник Jäger
желáть wünschen

Здесь каждая первая буква слова напоминáет о цвете.

напоминáть erinnern

Красный	–	**К**аждый	–	jeder
Оранжевый	–	**О**хотник	–	Jäger
Жёлтый	–	**Ж**елает	–	wünscht
Зелёный	–	**З**нать	–	zu wissen
Голубой	–	**г**де	–	wo
Синий	–	**С**идит	–	sitzt
Фиолетовый	–	**Ф**азан	–	der Fasan

Музыка

В ра́дуге семь цвето́в.
А в музыке семь нот:

ра́дуга Regenbogen
цвет Farbe

ДО – РЕ – МИ – ФА – СОЛЬ – ЛЯ – СИ.

Красивые зву́ки
Нам да́рит земля́.
ДО – эта нота –
Гуде́нье шмеля́.

звук Laut, Ton
дари́ть schenken
земля́ Erde
гуде́нье das Summen
шмель Hummel

Ты слышал пасту́ший
Рожо́к на заре́?
Это поёт
Серебри́стое РЕ.

пасту́ший рожо́к Horn
заря́ Morgen-, Abendrot
серебри́стый silbern

Котёнок мяу́чит
У вас за дверьми.
Это мяуканье –
Это же МИ!

котёнок Kätzchen
мяу́кать miauen

А это звени́т
Не в кастрю́льке фасо́ль,
Две ноты весёлые
ФА и СОЛЬ.

звене́ть klingen
кастрю́лька Topf
фасо́ль Bohnen

И пры́гает девочка,
Всех веселя.
Лучи́стое, чи́стое:
– ЛЯ-ля-ля!

пры́гать springen
лучи́стый strahlend
чи́стый rein

СИ – сло́вно писк
Озорно́го котёнка.
Последняя нота
Звучи́т очень зво́нко.

сло́вно wie
писк Fiepen
озорно́й ausgelassen
звуча́ть tönen
зво́нко hell

И все они вместе
На нотных листа́х
Сидят, как соро́ки
На провода́х.

лист Blatt
соро́ка Elster
про́вод Stromleitung

Чашка

Давны́м-давно́ два мона́ха жили в одной ке́лье. Много лет жили ла́дно и скла́дно. И вот однáжды говорит один другому:

– Давай хоть раз поссо́римся.

– А как?

– Как люди ссорятся: давай дели́ть что́-нибудь.

– А что?

– Давай поста́вим на стол чашку. Я скажу: «Она моя». А ты скажешь: «Она не твоя, а моя». Так и начнётся наша ссора.

Се́ли они за стол, посереди́не чашку поставили. Один монах сказал:

– Она моя.

Другой монах в ответ:

– А я так думаю, она моя.

– Не твоя она, а моя.

– Ну, е́сли твоя, так бери её.

Так и не смогли́ поссориться.

давны́м-давно́ seit langer Zeit
мона́х Mönch
ке́лья Klosterzelle
ла́дно и скла́дно gut, einträchtig
одна́жды einst, einmal
поссо́риться/ссо́риться sich streiten
дели́ть teilen
что́-нибудь irgendetwas
поста́вить *v.* stellen
нача́ться *v.* beginnen
сесть *v.* sich setzen
посереди́не in die Mitte
е́сли wenn
смочь *v.* können

Занимательные страницы

Загадки

Раз, два – сосчита́й;
три, четыре – отгада́й.

сосчита́ть zusammenzählen
отгада́ть lösen

1.
Та́ет снежо́к,
О́жил лужо́к,
День прибыва́ет,
Когда́ э́то быва́ет?

та́ять tauen
снежо́к Schneeball
ожи́ть *v.* aufleben
лужо́к kleine Wiese
прибыва́ть *hier:* länger werden
быва́ть geschehen

2.
Со́лнце печёт,
Ли́па цветёт,
Рожь поспева́ет,
Когда́ э́то быва́ет?

со́лнце Sonne
печь brennen
ли́па Linde
цвести́ blühen
рожь Roggen
поспева́ть reifen

3.
Пу́сты поля́,
Мо́кнет земля́,
Дождь полива́ет,
Когда́ э́то быва́ет?

пу́сты поля́ die Felder sind abgeerntet
мо́кнуть nass werden
дождь полива́ет es beginnt, in Strömen zu regnen

4.
Снег на поля́х,
Лёд на река́х,
Вью́га гуля́ет,
Когда́ э́то быва́ет?

лёд Eis
вью́га Schneesturm

5.
Но́чью на не́бе один
Золоти́стый апельсин.
Минова́ли две недели,
Апельсина мы не е́ли,
Но оста́лась в небе только
Апельси́новая до́лька.

но́чью nachts
не́бо Himmel
золоти́стый golden
минова́ть verstreichen
неде́ля Woche
есть essen
оста́ться *v.* bleiben
апельси́новая до́лька Apfelsinenscheibe

6.
Один говорит, двое смотрят,
двое слушает.

7.
Зимой спит, а летом шумит.

спать schlafen
шуметь lärmen

8.
Без рук, без ног, а рисовать умеет.

без ohne
рука Hand
нога Bein

9.
Что можно видеть с закрытыми глазами?

закрытый geschlossen
глаз Augen

10.
Что было «завтра», а будет «вчера»?

11.
Есть семь братьев: годами равные, именами разные.

равный gleich
разный unterschiedlich

12.
Что всегда ходит,
а с места не сходит?

сходить weggehen

13. Грамматическая арифметика
липа + нота = антилопа
том + вата =
рыба + соки =

14.
Зимой и летом одним цветом.

цвет Farbe

15.
Не куст, а с листочками,
не рубашка, а сшита,
не человек, а рассказывает.

куст Strauch
листочек Blatt
рубашка Hemd
сшита genäht, geheftet

16.
Не идёт, не скачет,
а плывёт и плачет.

скакать springen, hüpfen
плыть schwimmen
плакать weinen

17.

Ска́терть бела,
всё по́ле оде́ла.

ска́терть Tischdecke
по́ле Feld
оде́ть *v. hier:* verhüllen

18.

Э́то бы́ло в воскресе́нье
у слона́ на дне рожде́ния.
Го́сти пе́ли, весели́лись,
в хорово́де так кружи́лись,
так кружи́лись, так верте́лись,
что на ча́сти разлете́лись.
Раз, два, три, четы́ре, пять,
помоги́ госте́й собра́ть.

слон Elefant
день рожде́ния Geburtstag
весели́ться fröhlich sein
хорово́д Kreistanz
кружи́ться sich drehen
верте́ться sich drehen
так …, что … so …, dass …
разлете́ться *v.* auseinanderfliegen
собра́ть *v. hier:* wieder zusammensetzen

АН – БЕ – БРА – БРА – ГЕ – ГИ – ГО
ДИЛ – Е – ЖИ – ЗЕ – ЗЕ – КО –
КО – КРО – ЛА – ЛО – МОТ – НА
ПА – ПАН – РАФ – РИЛ – ТИ – ШИМ.

К слону пришли …

Золотые слова

Окно́ в Евро́пу.
Колу́мбово яйцо́
Из му́хи де́лать слона́.
Все доро́ги веду́т в Рим.
Всему́ своё вре́мя.
Го́лубь ми́ра.
До́ктор Айболи́т (ай – боли́т)
Избу́шка на ку́рьих но́жках

Пословицы

Снача́ла ду́май, а пото́м де́лай.
Всё хорошо́, что хорошо́ конча́ется.
Не всё то зо́лото, что блести́т.
Ти́хие во́ды глубоки́.
Глаза́ – зе́ркало души́.
У лжи коро́ткие но́ги.
Беда́ никогда́ не прихо́дит одна́.
На оши́бках у́чатся.
Ста́рый друг лу́чше но́вых двух.
Ска́зано – сде́лано.
Лу́чше по́здно, чем никогда́.
Друзья́ позна́ются в беде́.
О вку́сах не спо́рят.
И Москва́ не сра́зу стро́илась.
Не откла́дывай на за́втра то,
что мо́жно сде́лать сего́дня.
Како́в ма́стер, такова́ и рабо́та.
Пи́шут не перо́м, а умо́м.
Земля́, на кото́рой роди́лся, золота́я.
Жизнь дана́ на до́брые дела́.

Скороговорки

Чёрный по белому
Пишем прово́рно мы,
Пишем умело мы
Белым по чёрному.

прово́рно geschwind

Малина мани́ла Марину и Милу,
Марине и Миле малина мила́.

мани́ть anlocken
мила́ angenehm, lieb

Егор за топо́р,
а топор за забо́р.

топо́р Axt, Beil
забо́р Zaun

На дворе́ трава́, на траве дрова́.
Не руби́ дрова на траве двора.

двор Hof
трава́ Gras
дрова́ Holz
не руби́ hacke nicht

Клава в во́дочке сидела, вместе с Милой песни пела.

во́дочка Wasser

Ла, ла, ла, ла, ла, ла – Мила в ло́дочке плыла́.
Ло, ло, ло, ло, ло, ло – све́тит со́лнышко тепло́.
Лу, лу, лу, лу, лу, лу – ра́да Милочка теплу́.
Лы, лы, лы, лы, лы, лы – песни Милочки слышны.

ло́дочка kleines Boot
плыть schwimmen
со́лнышко све́тит die Sonne scheint
тепло́ warm; die Wärme
рад (чему) erfreut sein (über etwas)

Шла Саша по шоссе и coса́ла су́шку.

соса́ть kauen, lutschen
су́шка Kringel

Е́сли руки мы́ли мы,
если руки мыли вы,
если руки мыла ты,
значит, руки вы́мыты.

е́сли wenn
мыть waschen
вы́мыты gewaschen

До города дорога в го́ру,
от города – с горы́.

гора́ Berg

Ши́ла ша́пку – сшила та́пку.

сшить/шить nähen
ша́пка Pelzmütze
та́пка Hausschuh

Наша серая кошка сидела на кры́ше,
а ваша серая кошка сидела вы́ше.

кры́ша Dach
вы́ше höher

Мы́шки су́шки насуши́ли,
мышки мышек пригласили,
мышки сушек ку́шать ста́ли,
зу́бки сра́зу же слома́ли.

мы́шка Mäuschen
су́шка Kringel, Brezel
насуши́ть *v.* trocknen
ку́шать ста́ли begannen zu essen
зубо́к, *Pl.* зу́бки Zähnchen
сра́зу же sofort
слома́ть brechen

Анекдоты

На ры́нке продают трёх попугаев. Один стоит сто рублей, второй двести, третий тысячу.	ры́нок Markt
Покупатель спрашивает:	
– Что умеет попугай, кото́рый за сто рублей?	кото́рый der, welcher
– Он знает русский и английский.	
– А который за двести рублей?	
– Он знает русский, английский и французский.	
– А попугай за тысячу сколько языков знает?	
– Ничего он не знает. Он у них нача́льник.	нача́льник Chef, Vorgesetzter

*

Неве́ста спрашивает жениха́:	неве́ста Braut
– Пьёшь?	жени́х Bräutigam
– Нет.	
– Ку́ришь?	кури́ть rauchen
– Нет.	
– Играешь в карты?	
– Нет.	
– Значит, у тебя нет недоста́тков?	недоста́ток Fehler, Laster
– Один есть – люблю привра́ть.	привра́ть *v.* flunkern

*

Ночью стук в дверь.	стук Klopfen
– Кто там?	
– Открывай, поговорить на́до.	на́до müssen
– А сколько вас?	
– Двое.	
– Ну вот и поговорите.	

*

Разговаривают двое заключённых. Один заключённый спрашивает другого:	заключённый Gefangener
– За что сидишь?	
– В рабочее время фо́рточку открыл.	фо́рточка kleines Fenster
– А где ты работал?	
– На подво́дной ло́дке.	подво́дная ло́дка U-Boot

*

Едет машина ГАИ. Один милиционер говорит другому:
– А ну-ка, посмотри – мига́лка на кры́ше работает?
Второй смотрит:
– Работает … не работает … работает … не работает…

ГАИ Verkehrspolizei
мига́лка Rundumleuchte
кры́ша Dach

*

Пришёл Чебура́шка в контору устра́иваться на рабо́ту, заходит к директору:
– Скажите, у вас Чебурашки работают?
– Работают.
Чебурашка ушёл. Приходит в другую контору, заходит к директору:
– У вас Чебурашки работают?
– Не работают.
Чебурашка устро́ился в эту контору. Проходит несколько дней.
Чебурашка сидит и ничего не делает. Директор спрашивает:
– Почему ты ничего не делаешь?
– Так вы же са́ми сказали, что Чебурашки у вас не работают.

прийти́ (*Prät.* пришёл) *v.* kommen
устра́иваться на рабо́ту *hier:* auf Arbeitssuche
уйти́ (*Prät.* ушёл) *v.* weggehen
устро́иться *v.* anfangen zu arbeiten
вы са́ми Sie selbst

*

Едет культури́ст в автобусе. Женщина сза́ди спрашивает его:
– Вы выхо́дите?
– Выхожу.
– А пе́ред вами?
– Выходят, только они об этом ещё не знают.

культури́ст jmd., der Bodybuilding macht
сза́ди von hinten
выходи́ть aussteigen
пе́ред vor

*

Мужчина в трамвае обращáется к пассажирам:
– Даю двадцать рублей тому, кто найдёт мой кошелёк.
Ктó-то говорит:
– А я даю двадцать пять.

обращáться (к кому) sich (an jmdn.) wenden
найтú *v.* finden
кошелёк Geldbörse
ктó-то jemand

*

На уроке истории.
– Вовочка, кто взял Бастилию?
– Я не брал.
– Завтра приведёшь отца к директору.

Пришёл отец. Директор объясняет, что произошлó. Отец говорит:
– Уж не знаю, брал он или нет, но домой не приносúл.

Директор думает: «Вот так всегда – возьмут, а назáд не отдадут».

привестú *v.* bringen
придтú (Prät. пришёл) *v.* kommen
произойтú (Prät. произошёл) *v.* geschehen
приносúть bringen
назáд zurück

*

Корреспондент пришёл на стадион и спрашивает у юноши:
– Какая ваша любимая комáнда?
–«Спартак».
Спрашивает у девушки:
– А ваша любимая команда?
– «Динамо».
Спрашивает у генерала:
– В ваша любимая команда?
– Смúрно!

придтú (*Prät.* пришёл) *v*. kommen
комáнда 1. Mannschaft, 2. Kommando
Смúрно! Stillgestanden!

*

Входит зáяц в электричку и кричúт:
– Отдавáйте деньги, а то будет, как вчера!

Все испугáлись и отдали. Один медвéдь не пóнял и спрашивает:
– А что было вчера?
– А вчера не отдали.

зáяц Hase
кричáть schreien
отдавáть hergeben
испугáться *v.* erschrecken
медвéдь Bär
понять *ср.* понимать

*

Правильный ответ

– Что мы видим над головой в хорошую погоду?
– Солнце, нéбо. нéбо Himmel
– А в плохую?
– Зóнтик. зóнтик Schirm

Пусть он играет со мной

пусть soll, möge

– Не играй с Сашей, – сказала мать сыну, – он плохой мальчик.
– Тогда Саша дóлжен играть со мной, потому что я хороший мальчик.

дóлжен solle

Когда лучше всего собирать фрукты

Учитель объяснял ученикам, что крестья́не делают зимой, весной, летом и осенью. Потом он спросил учеников:
– В какое время нýжно собирать фрукты?
Один ученик ответил:
– Когда в садý нет собáки!

крестья́нин, *Pl.* крестья́не Bauer
нýжно man muss
сад Garten
собáка Hund

Удачный пример

На экзамене учитель сказал ученику:
– Расскажите о влия́нии тепла́ и хо́лода на тела́ в приро́де.
Ученик подумал и ответил:
– От тепла все тела расширя́ются, стано́вятся бо́льше, а от холода все тела сжима́ются, становятся ме́ньше.
Учитель сказал ученику:
– Правильно. Дайте пример.
Ученик долго думал и потом сказал:
– Вот, например, летом, когда тепло, дни становятся длинне́е, а зимой, когда холодно, дни становятся коро́че.

уда́чный gelungen
влия́ние Einfluss
тепло́ Wärme
хо́лод Kälte
те́ло Körper
приро́да Natur
расширя́ться sich ausdehnen
станови́ться бо́льше größer werden
сжима́ться sich zusammenziehen
ме́ньше weniger, kleiner
длинне́е länger
коро́че kürzer

Грибной суп

Ива́н Ивано́в в первый раз в Герма́нии. Он не знает немецкий язык. Одна́жды он пришёл в ресторан и попроси́л дать ему тарелку грибно́го су́па. Официант принёс другой суп.
– Это не грибной суп. Вы не по́няли меня.

Официант взял тарелку обра́тно и скоро принёс тарелку другого супа.
– Вы не поняли меня, – повторил Иван Иванов. – Это не грибной суп.

Потом он взял карандаш и нарисовал на салфе́тке гриб.
– Я понял, – сказал официант и через несколько минут принёс зо́нтик.

грибно́й суп Pilzsuppe
одна́жды einmal, einst
прийти́ (*Prät.* пришёл) *v.* kommen
попроси́ть *v.* bitten
принести́ *v.* bringen
поня́ть *ср.* понимать
обра́тно zurück
салфе́тка Serviette
зо́нтик Schirm

Почему он плакал

плáкать weinen

Однáжды два друга были в гостях на праздничном обеде. На столе стояла горчи́ца. Друзья в первый раз видели горчицу и не знали, что это такое.

Они заметили, что все гости едя́т мясо, колбасу и берут чуть-чуть горчицы.

– Наверное, горчица очень дорогая и вку́сная, – подумали они.

Один из них взял большую ложку горчицы и проглоти́л её. И вдруг он заплакал.

– Что случи́лось? Почему ты плачешь? – спросил его товарищ.

– Я вспóмнил своего дядю, который у́мер 10 лет назáд. Мне стáло жаль егó, – ответил друг.

Через некоторое время второй взял большую ложку горчицы, проглотил её и тоже заплакал.

Тогда его товарищ засмея́лся и спросил:

– Что случилось? Почему ты плачешь?

А тот ответил:

– Я думаю о твоём дяде. Мне тоже очень жаль его.

однáжды einmal, einst
горчи́ца Senf (sehr scharf)
есть essen
чуть-чуть ein wenig
вку́сный schmackhaft
проглоти́ть *v.* herunterschlucken
Что случи́лось? Was ist passiert?
вспóмнить *v.* sich erinnern
умерéть *v.* sterben
… лет назáд vor … Jahren
Мне стáло жаль егó. Mir tut es leid um ihn.
засмея́ться *v.* anfangen zu lachen

Интересный сон

сон Traum

Однáжды рано утром маленький мальчик разбуди́л свою маму.

– Я интересный сон видел, – сказал он.

– Расскажи, что же ты видел? – спросила мама.

Сын хотел начáть расскáз, но потом подумал и сказал:

– Нет, я не умею хорошо рассказывать, лучше ты расскажи.

Мать улыбну́лась.

– Но ты видел сон, а не я!

– Но ты тоже была там! – сказал сын.

однáжды einmal
разбуди́ть *v.* wecken
сын Sohn
начáть *v.* beginnen
расскáз Erzählung
улыбну́ться *v.* lächeln

Мать и маленькая дочь

мать Mutter
дочь Tochter

Маленькая девочка сидит и пишет. Мать спрашивает её:
– Что ты делаешь?
– Я пишу письмо подруге, – отвечает дочь.
Мать говорит:
– Ты ещё маленькая, ты не умеешь писать.
А дочь отвечает:
– Ничего! Это не ва́жно! Моя подруга тоже маленькая. Она не умеет читать.

ва́жно wichtig

Идёт экзамен по истории

– Расскажите о Столе́тней войне́, – говорит экзаменатор.
– Столетняя война дли́лась более ста лет: в 1337 году, в 1338 году, в 1339 году, в 1340 году, в 1341 году…
– Одну минуточку. Это, конечно, правильно. Ну, а дальше?
– Дальше … в 1342 году, в 1343 году, в 1344 году…

столе́тний hundertjährig
войнá Krieg
дли́ться dauern

На уроке арифметики

На уроке арифметики учитель объясни́л, что такое сложе́ние.
После объяснения он спросил учеников:
– Сколько будет: к пяти приба́вить один?
Ученики молча́ли.
Тогда учитель сказал:
– Ну, например, я даю вам пять го́лубей, а потом ещё одного. Сколько голубей будет у вас?
Один ученик быстро ответил:
– Семь!
– Как семь! Почему? – удиви́лся учитель.
– А у меня дома есть уже один голубь, – объяснил ученик.

объясни́ть *v.* erklären
сложе́ние Addition
приба́вить *v.* hinzufügen, addieren
молча́ть schweigen
го́лубь Taube
удиви́ться *v.* sich wundern

Таблица Менделеева

На экзамене профессор сказал студенту:
– Очень плохо! В таблице Менделеева бóльше ста химических элементов, а вы знаете только восемьдесят пять.
– Но почему же плохо, профессор! – возрази́л студент. – Сам Менделеев знал мéньше меня, всего шестьдесят три элемента, и то счита́лся неплохим химиком.

бóльше mehr
возрази́ть *v.* entgegnen
сам selbst
мéньше weniger
счита́ться (кем) gehalten werden für (etwas)

Трижды три девять

три́жды drei mal

– Сколько времени ты вари́ла я́йца? – спросила мама свою дочь.
– 9 минут.
– Я же сказала тебе, что ну́жно варить три минуты.

– Но ведь я варила три яйца!

вари́ть kochen
яйцó Ei
дочь Tochter
ну́жно müssen

Ответ девочки

Учительница спрашивает ученицу:
– Если на столе сидело пять мух и я уби́ла одну, то сколько мух оста́лось?
Девочка отвечает:
– Одна, мёртвая.

му́ха Fliege
уби́ть *v.* erschlagen
оста́ться *v.* bleiben
мёртвый tot

Ошибка учителя

Утром на уроке учитель сказал ученику:
– Юра, почему ты не умыва́ешься? Я могу сказать, что ты ел сегодня утром на завтрак.
Маленький мальчик спросил учителя:
– Что я ел? Что это было?
– Яйцó, – сказал учитель.
– Нет, – сказал мальчик. – Вы оши́блись. Яйцо я ел вчера.

умыва́ться sich waschen
есть essen
яйцó Ei
оши́биться *v.* sich irren

Ключи

(стр. 32 – 34)

1. весной
2. летом
3. осенью
4. зимой
5. месяц (луна)
6. язык, глаза, уши
7. река
8. мороз
9. сон
10. сегодня
11. дни недели
12. часы
13. автомат, абрикосы
14. ёлка
15. книга
16. туча
17. снег
18. антилопа, шимпанзе, бегемот, зебра, крокодил, горилла, жираф, кобра, гиена

Список использованной литературы

Волина В. Русский язык, учимся играя. – Екатеринбург, 1996.

Голуб И. Моя самая первая книжка о словах. – Москва, 1995.

Жунина О. В. Москвоведение: Учебник для начальных классов. – Москва, 1997.

Иванова В. И., Потиха З. А., Розенталь Д. З. Занимательно о русском языке. – Ленинград, 1990.

Миллард Э. История в школе и дома. – Москва, 1996.

Рамзаева Т. Г. Русский язык: Учебник для 2 класса. – Москва, 1991.

Русская азбука: Учебник для 1 класса. – Москва, 1995.

Сапригг Г. Моя самая первая книжка по русскому языку. – Москва, 1995.

Фасмер М. Этимологический словарь русского языка. – 4 т. – Москва, 1986.

Федеренко П., Хайлов Л. История денег. – Москва, 1995.

Хмельницкий В. Для маленьких больших. – Киев, 1992.

Детские анекдоты. – 1993. – № 1.

Русский язык за рубежом. – 1988. – № 6.

Спутник. – 1997. – № 7.

Sprachkalender Berlitz 1992 – 1995. – Dortmund: Harenberg-Kalenderverlag.

Beyer, H. und A.: Sprichwörterlexikon. – Leipzig, 1984.

Georges, K. E.: Ausführliches Lateinisch-Deutsches Handwörterbuch. – Tübingen, 1951.

Что можно читать?

Я люблю читать	басню	скороговорку
	сказку	загадку
	поговорку	считалку
	роман	стихотворение
	рассказ	стихи
	пословицу	книгу
	быль	анекдот
	небылицу	текст

Я	редко	читаю …
	иногда	
	часто	
	вечером	
	с удовольствием	

Мой любимый писатель …
Моя любимая книга …

Мне нравится	эта загадка.
	этот рассказ.

Мне	очень	понравился этот роман, …
	не	понравилась эта книга, …
		понравились эти стихи, …

… потому что	книга (не)интересная.
	я (не) понял(а) содержание.
	я уже знаю это стихотворение.
	эта тема мне (не) нравится.
	я много узнал(а) об этой теме.

Письменность, письмо

пи́сьменность Schrifttum; Literatur
письмо́ Schrift; Schreiben

звук	Laut
бу́ква	Buchstabe
а́збука, алфави́т	Alphabet
гла́сный	Vokal
согла́сный	Konsonant
слог	Silbe
ко́рень	Wurzel
сло́во	Wort
предложе́ние	Satz
текст:	Text
анекдо́т	Witz, Anekdote
ска́зка	Märchen
зага́дка	Rätsel
посло́вица	Sprichwort
скороговóрка	Schnellsprechvers
золоты́е слова́	geflügelte Worte

Наша речь состои́т из предложения, а предложения из слов. В слове сто́лько слогов, ско́лько в нём гласных звуков: дом, учебник, книга. Слог может состоять из:

– одной гласной буквы (о – сень)
– гласной и одной согласной букв (до – ро – га)
– гласной и нескольких согласных букв (стро – ить).

Слова из одного слога не перено́сятся.
Слог из одной буквы не переносится.
В русском языке есть парные зво́нкие и глухи́е согласные звуки:

звонкие		глухие
б	–	п
в	–	ф
г	–	к
д	–	т
ж	–	ш
з	–	с

состоя́ть bestehen
сто́лько ..., ско́лько ... so viel ... wie ...
переноси́ться getrennt werden
зво́нкие согла́сные зву́ки stimmhafte Konsonanten
глухи́е согла́сные зву́ки stimmlose Konsonanten